Petits Génies MC

© 2025 Shoebox Media
790A, chemin du Bord-de-l'Eau
Laval (Québec) H7X 1W5
Canada
editionspetitsgenies.ca

Lire ensemble favorise l'amour des livres!

Direction générale : Al Di Buono et Kim Huynh
Texte : Kevin Duclos
Direction éditoriale : Joanie Ferland-Globensky
Direction artistique : Rachel Pilon
Révision et correction : Karine Afchain

Dépôt légal : 2e trimestre 2025
Bibliothèque et Archives nationales du Québec
Bibliothèque et Archives Canada

Financé par le gouvernement du Canada | Canada

SODEC Québec

Imprimé en Chine

INSECTES et bestioles

Kevin Duclos

Petits Génies

SOMMAIRE

Les insectes et autres bestioles, ces petits héros de la nature

Les insectes sont partout autour de nous, certains si discrets que nous ne les remarquons pas. Pourtant, ils constituent le groupe d'animaux le plus nombreux et le plus diversifié sur la Terre, comptant plus de cinq millions d'espèces différentes!

Malgré leur taille réduite, ces insectes et d'autres créatures comme les araignées, mille-pattes, limaces et vers jouent un rôle essentiel dans la nature. Ils accomplissent des exploits chaque jour! Certains pollinisent des fleurs pour que naissent des fruits, d'autres nettoient la terre et l'enrichissent en recyclant les déchets naturels, d'autres encore défendent les plantes en les débarrassant de ravageurs (comme des pucerons)...

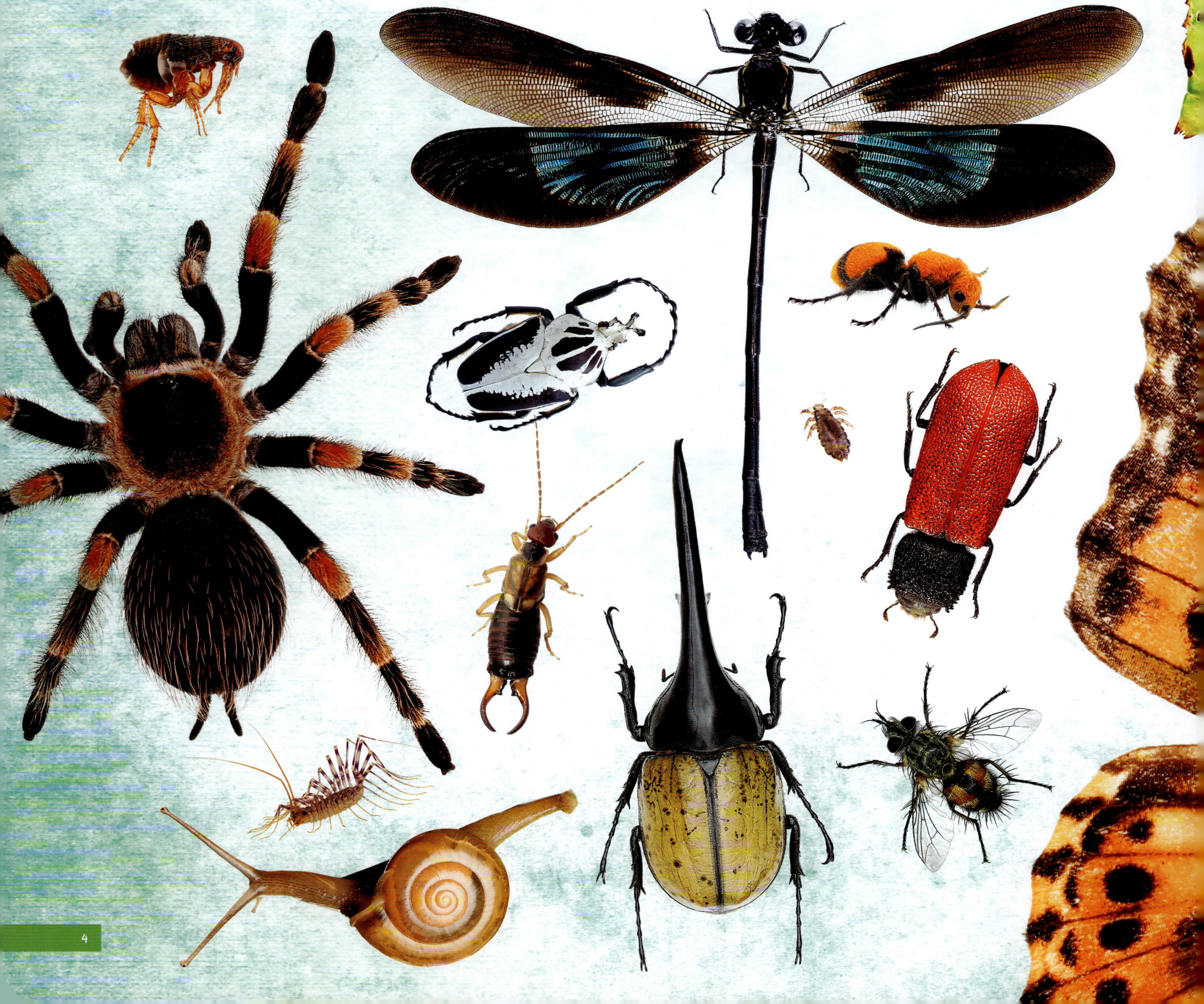

Mais ce n'est pas tout ! Certaines de ces bestioles ont des capacités stupéfiantes ! Une force incroyable, des sens particulièrement aiguisés, ou des talents dont tu ne soupçonnes même pas l'existence... Des chercheurs les étudient parfois pour en tirer des inventions au service des humains.

Pourtant, par peur ou par ignorance, on a vite fait de tuer ces petites bêtes... Alors que certaines espèces sont menacées d'extinction, tout comme d'autres animaux. C'est pourquoi il est si important d'apprendre à les connaître !

Allez, sors ta loupe !

Prépare-toi à voir les bestioles volantes, sauteuses, courantes, nageuses ou rampantes d'un œil nouveau...

Les insectes sont des arthropodes...

Dans le **règne animal**, les insectes appartiennent au grand groupe des **arthropodes**, qui sont :

- des **invertébrés** (ils n'ont pas de squelette interne)
- avec des **pattes articulées**
- et un **corps segmenté**
- recouvert d'un **exosquelette** (une sorte de carapace).

Tous les insectes ont un corps divisé en **3 segments** (3 parties) :

1 La **tête**, où se trouvent la plupart de leurs organes sensoriels (yeux, bouche et antennes).

2 Le **thorax**, auquel sont attachées leurs pattes et leurs ailes.

3 L'**abdomen**, dans lequel se situent leurs organes digestifs et reproducteurs.

Tous les insectes ont **3 paires de pattes**. La plupart ont aussi **1 ou 2 paires d'ailes**, mais certains n'en ont aucune.

Certains insectes ont aussi des organes spécialisés leur permettant de tisser de la soie ou d'injecter du venin, voire de produire de la lumière.

… COMME D'AUTRES BESTIOLES

Les insectes forment une des classes d'arthropodes. Il en existe d'autres :

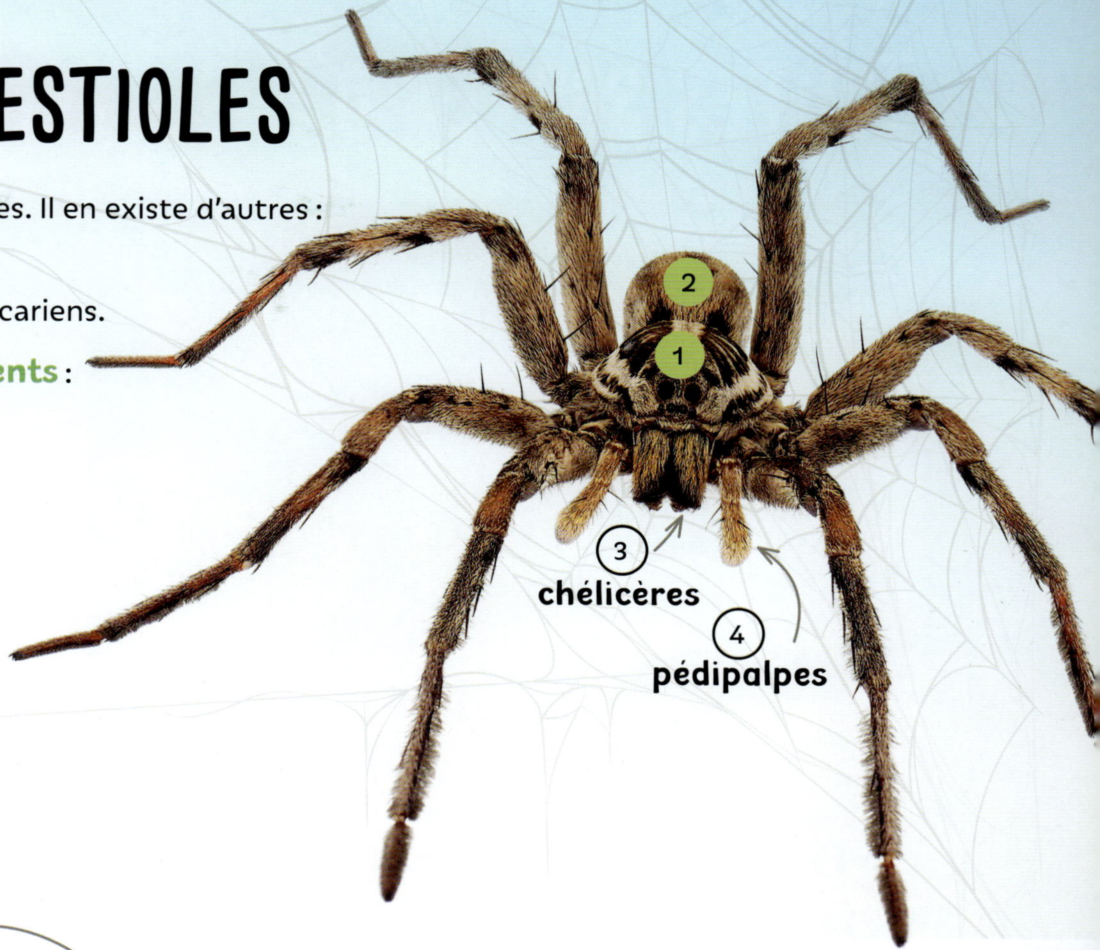

• Les ARACHNIDES : araignées, scorpions, tiques, acariens.

Tous les arachnides ont un corps divisé en **2 segments** :

1. le **céphalothorax** (la tête),
2. l'**abdomen**.

Tous les arachnides ont **4 paires de pattes**.
Au niveau de la bouche, ils ont :

3. des **chélicères** : de gros crochets qui fonctionnent comme des mâchoires.
4. des **pédipalpes** : des sortes de petites pattes pour manipuler la nourriture.

• Les MYRIAPODES : mille-pattes, centipèdes.
Leur corps allongé compte de **15 à presque 200 segments**. Chaque segment comporte 1 ou 2 paires de pattes.

• Les CRUSTACÉS : crabes, crevettes, homards, isopodes.
Ils ont une **carapace épaisse** et très dure, dont les yeux dépassent grâce à de longues tiges : les **pédoncules**.

MAIS CERTAINES N'EN SONT PAS.
Leur corps est **mou**, elles n'ont **ni pattes ni carapace**.

• Les GASTÉROPODES : escargots, limaces.
Leur corps est mou. Ils se déplacent en rampant sur **1 long pied**.
Ils ont **2 paires de tentacules**. Sur leur dos, un renflement charnu protège leurs organes internes.

• Les ANNÉLIDES : vers de terre, sangsues.
Pour se déplacer, ils rampent ou nagent en contractant leur corps en entier.

TOUTES SORTES D'INSECTES

Les insectes qu'on rencontre le plus fréquemment se répartissent en plusieurs groupes principaux, qu'on appelle des **ordres** :

Les **DIPTÈRES** :
mouches, moucherons, moustiques.

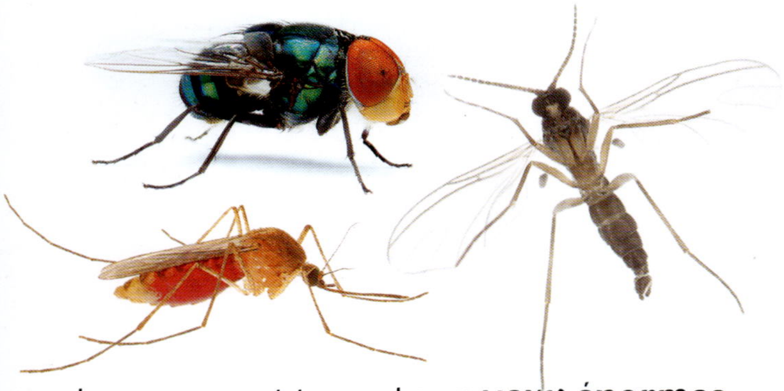

Leur corps est trapu. Leurs **yeux énormes** prédominent sur leur tête. Ils ont **1 paire d'ailes**.

Les **COLÉOPTÈRES** :
scarabées, coccinelles, lucanes, carabes, charançons.

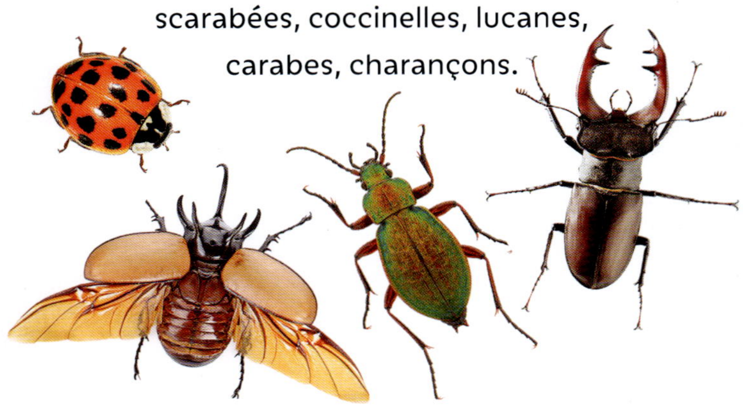

Ils ont **2 paires d'ailes**. La première est rigide et opaque ; ce sont des **élytres**.

Les **HÉMIPTÈRES** :
punaises, cigales, pucerons, cochenilles.

Ils ont **2 paires d'ailes**. La première est à moitié rigide et se replie autour d'une structure en triangle, le **scutellum**.

Les **HYMÉNOPTÈRES** :
abeilles, guêpes, fourmis.

Ils ont généralement **2 paires d'ailes**, la première étant plus grande que la seconde. Leurs **mâchoires** sont très larges.

Les **ORTHOPTÈRES** : sauterelles, grillons, criquets, scuddéries.

Ils ont généralement **2 paires d'ailes**. Elles sont plaquées le long du corps. Leurs **pattes arrière** sont particulièrement allongées.

Les **LÉPIDOPTÈRES** : papillons, papillons de nuit.

Leurs **2 paires d'ailes** sont recouvertes de minuscules **écailles**, qui forment des dessins géométriques colorés.

Les **ODONATES** : libellules, demoiselles.

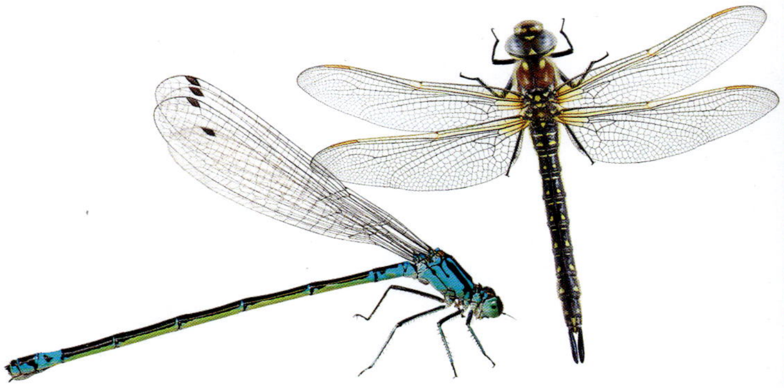

Leur corps est allongé, ainsi que leurs **2 paires d'ailes**. Leurs **yeux** occupent plus de la moitié de leur tête.

Les **PHASMOPTÈRES** : phasmes bâtons et phasmes feuilles.

Leur corps est très allongé. Ils n'ont généralement **pas d'ailes**. Ils ressemblent à s'y méprendre à des brindilles ou à des feuilles.

Les **MANTOPTÈRES** : mantes.

Elles ont une **tête triangulaire** avec **2 gros yeux** sur le dessus. Elles se servent de leurs pattes avant pour capturer et maintenir leurs proies.

Les **BLATTOPTÈRES** : blattes, coquerelles et termites.

Leur corps est aplati. La plupart ont **2 paires d'ailes**, mais s'en servent rarement.

TOUTES LES COULEURS DE L'ARC-EN-CIEL

La diversité des insectes se reflète, entre autres, dans leur apparence. Si on les rangeait par teintes, on pourrait facilement reconstituer un arc-en-ciel ! Mais ces couleurs ne sont pas destinées à les rendre beaux, elles ont toujours une utilité.

☑ COLÉOPTÈRES

Dans la famille rouge, on pense immédiatement aux **coccinelles** ! Beaucoup ont une carapace écarlate marquée de pois noirs... pour avertir les prédateurs qu'elles ne sont pas bonnes à manger !

Le savais-tu ?

Il existe plus de 5 000 espèces de **coccinelles**, la plupart vivement colorées. Si beaucoup sont rouges, d'autres sont noires avec des pois rouges ou blancs. D'autres sont orange ; d'autres encore, beiges avec des lignes brunes.

La carapace du **charançon vert pâle** est en réalité... noire ! Le secret de l'apparence verte de ce **coléoptère** ? Des centaines de petites écailles rondes métallisées, qui le recouvrent. Du fait de sa taille miniature, il faut un microscope pour s'en rendre compte !

☑ HÉMIPTÈRES

La **grande punaise de l'asclépiade** est reconnaissable au motif en forme de X orangé sur son dos noir. L'asclépliade est une plante toxique pour la plupart des animaux, mais cette **punaise** se nourrit de ses graines... Sa couleur est donc là encore un message : « Ne me mangez pas, je suis empoisonnée ! »

LÉPIDOPTÈRES

Le **morpho bleu** est un **papillon** d'Amérique centrale dont on admire les couleurs iridescentes : ses ailes noir et bleu ont des reflets métalliques. Le fait qu'elles réfléchissent ainsi la lumière l'aiderait à effrayer les prédateurs.

ODONATES

Le **sympétrum jaune d'or** est une **libellule** qui se distingue par des taches dorées sur ses ailes. La femelle présente une belle couleur jaune, le mâle a le corps plus orangé, ce qui les aide probablement à se reconnaître.

ORTHOPTÈRES

Comme son nom l'indique, le grand **criquet à ailes violettes** d'Amérique du Sud arbore une paire d'ailes violet vif. Sa seconde paire d'ailes est de couleur plus neutre.

DES ŒUVRES D'ART SUR PATTES

Certains insectes à l'apparence étrange et fascinante semblent avoir été créés par un artiste! Leur carapace ou leurs ailes les font parfois ressembler à un minuscule tableau de peintre, à une sculpture miniature, à un bijou précieux...

☑ HÉMIPTÈRES

La famille des **scutellerides** est en anglais celle des *jewel bugs*, ce qui signifie « **punaises bijoux** ». Elles portent bien leur nom! Parmi ces petits hémiptères, on trouve :

La **punaise Picasso**, en Afrique tropicale.
On lui a donné le nom du célèbre peintre Pablo Picasso du fait de la spectaculaire mosaïque colorée sur son dos.

Chrysocoris stollii, en Asie du Sud-Est.
Des taches noires sont disposées de manière symétrique sur sa carapace vert métallisé. Cette couleur brillante lui permettrait de passer inaperçue de ses prédateurs dans la végétation humide au soleil.

La famille des **membracides** regroupe de petites **punaises sauteuses** qui vivent dans les arbres des forêts tropicales. Chaque espèce possède des extensions uniques au niveau du thorax. On ne sait pas vraiment à quoi servent ces excroissances, aux formes souvent insolites :

Celle de ***Cladonota apicalis***, en Amérique du Sud, est particulièrement allongée et recourbée vers l'arrière.

Celles de ***Ceresa taurina***, en Amérique du Nord, forment une sorte de casque chapeautant à la perfection ses ailes transparentes.

En Amérique du Sud, les extensions d'***Heteronotus nodosus***, colorées et couvertes de pointes, lui donnent l'apparence d'une guêpe à cornes!

☑ Coléoptères

Chez certains coléoptères, la paire d'ailes rigides peut être lisse et très luisante :

Le petit scarabée d'Amérique centrale ***Chrysina aurigans*** semble être fait d'or pur! Cet éclat l'aiderait à se camoufler dans la rosée du matin lorsqu'elle brille au soleil.

DES PETITS GÉANTS

Même si la plupart des insectes et arachnides sont des créatures miniatures, certaines espèces ont une taille et une force colossales !

COLÉOPTÈRES

Le **scarabée royal Goliath**, en Afrique, peut mesurer jusqu'à 11 cm de long et peser presque 100 g. Il fait donc la taille d'une souris adulte et pèse plus lourd qu'elle ! Son corps est noir et blanc. Les mâles possèdent une corne en forme de Y sur la tête, qu'ils utilisent pour se battre entre eux.

Le **dynaste Hercule**, autre **scarabée**, en Amérique centrale, est aussi grand que le royal Goliath. Les mâles portent aussi une corne sur la tête, plus une seconde qui part du thorax. Ensemble, elles forment une redoutable pince avec laquelle ils luttent aussi entre eux.

Le savais-tu ?

Le **dynaste Hercule** porte le nom de ce héros de la mythologie romaine parce c'est l'un des insectes qui a le plus de force : il est capable de soulever plus de 100 fois son poids !

LÉPIDOPTÈRES

Chez les lépidoptères, c'est le **papillon de la Reine Alexandra** qui détient le record de taille : la femelle de cette espèce tropicale a une envergure de près de 30 cm (du bout d'une aile à l'autre). Elle est donc plus grande que certains oiseaux !

Hyménoptères

Pepsis grossa est une **guêpe** noire aux ailes orangées longues d'environ 5 cm. Chez cette espèce sud-américaine, c'est la femelle qui chasse : elle est beaucoup plus grosse que le mâle et elle seule possède un dard. Quelles sont ses proies? Eh bien... principalement des mygales, un groupe de très grosses araignées poilues et terrifiantes !

Le savais-tu ?
La piqûre de ***Pepsis grossa*** est considérée, pour l'humain, comme la deuxième plus douloureuse au monde.

Arachnides

Parmi ces **araignées** massives, la plus grosse est la **mygale Goliath**, surnommée... mygale mangeuse d'oiseaux! Avec ses 30 cm de largeur (pattes étalées, elle fait la taille de ce livre !) et des chélicères venimeuses qui atteignent 2 cm, cette espèce sud-américaine est bel et bien capable de se nourrir des volatiles qui s'approchent un peu trop de son terrier...

DES BESTIOLES TOUFFUES ET POILUES

Qu'elles sont mignonnes, ces petites boules de poils ! Non, on ne parle pas ici de lapins ou de cochons d'Inde, mais bien d'insectes et d'arachnides…

HYMÉNOPTÈRES

Les hyménoptères comptent de nombreuses espèces velues. Chez certaines, le poil (ou duvet) sert à récolter le pollen des fleurs ; c'est le cas pour les **abeilles**, par exemple. Chez d'autres insectes, on n'a pas encore compris à quoi il est utile. En tout cas, les pattes poilues leur permettent de se nettoyer, un peu comme avec un peigne.

Sais-tu qu'il existe des **fourmis de velours** ? Dans cette famille, ***Dasymutilla aureola***, aux États-Unis, porte un habit touffu noir et orange vif… qui dissuade les prédateurs potentiels. Mais si ça ne suffit pas, elle se défend à l'aide d'un venin très douloureux !

LÉPIDOPTÈRES

L'**anisote de l'érable** est un petit **papillon de nuit** d'Amérique du Nord… à poils laineux : corps jaune pelucheux, pattes roses duveteuses, antennes comme des plumes soyeuses et ailes bicolores assorties !

Un autre **papillon de nuit**, appelé la **patte étendue**, est une espèce européenne dont le corps et les pattes sont couverts de longs poils grisâtres. Sous sa forme de chenille, elle est beaucoup plus colorée : elle peut être verte ou rougeâtre, avec déjà de belles touffes de poils.

Le savais-tu ?
Chez cette espèce, la femelle peut vivre jusqu'à 30 ans !

☑ ARACHNIDES

Parmi les arachnides, on trouve également des espèces poilues : chez les mygales. La **mygale mexicaine à genoux orange** l'est particulièrement et, comme son nom l'indique, elle a une splendide « genouillère » de fourrure orange sur l'articulation de chacune de ses pattes noires !

DES BESTIOLES GLUANTES

Vers, limaces, asticots... difficile de faire la différence entre tous ces visqueux! Pourquoi ces animaux sont-ils gluants? Parce qu'ils produisent du mucus. Cette substance humide et collante protège leur corps des éléments et l'empêche de se dessécher, un peu comme une crème solaire faite maison!

☑ ANNÉLIDES

Le **ver de terre**, aussi appelé **lombric**, a un corps allongé composé de plusieurs segments. Sans pattes ni yeux, il se déplace en rampant sur le sol... ou plutôt dans le sol. En effet, il y perce un trou fin avec sa tête, puis se fraie un chemin sous terre grâce à son corps très musclé. Il est même capable de se gonfler pour élargir la galerie qu'il creuse.

☑ Insectes

Certains **insectes** aussi sont gluants, mais le plus souvent sous leur **forme larvaire**, lorsqu'ils viennent de sortir de l'œuf pondu par la femelle et que leurs pattes sont soit absentes, soit très petites. Il est alors facile de se tromper, de les prendre pour des annélides.

La **larve de la mouche**, qu'on nomme aussi **asticot**, ressemble à s'y méprendre à un petit ver. On la trouve fréquemment dans des poubelles, où elle se régale de nos déchets.

La **larve du scarabée japonais** ressemble aussi à un ver blanc, mais elle est bien plus dodue qu'un asticot. Enfouie sous l'herbe pour se protéger du froid de l'hiver, elle se nourrit de racines. Au printemps, elle se **métamorphose** : elle refait surface en tant que scarabée adulte, qui dévore feuilles et tiges des plantes.

La **chenille d'*Acraga coa***, qu'on appelle **chenille bijou**, a une apparence gélatineuse qui ne laisse pas du tout imaginer le beau papillon orangé et duveteux qu'elle deviendra !

☑ Gastéropodes

Les **limaces**, comme la **grande loche**, produisent un mucus qui les aide à se déplacer en glissant. Mais il peut aussi fonctionner comme une colle : pour leur permettre de monter à la verticale ou de rester accrochées à l'envers !

DES CHAMPIONS DE CACHE-CACHE

Il s'y cache pourtant un **phasme à tiare**, qui ressemble à s'y méprendre à une feuille sèche… Ce phénomène, qu'on nomme **camouflage**, permet à un animal de se fondre dans son environnement : il y passe inaperçu grâce à la forme et à la couleur de son corps.

Certains insectes se camouflent pour éviter d'être attaqués par des prédateurs :

☑ PHASMOPTÈRES

Fin, allongé et brun, le **phasme bâton** est presque une petite branche parmi d'autres. Il ne se trahit que par ses déplacements… aux yeux des prédateurs les plus attentifs !

☑ ORTHOPTÈRES

La forme et la couleur des ailes de la **scuddérie à ailes oblongues** lui permettent de passer inaperçue parmi les feuilles de petits buissons.

D'autres insectes se camouflent pour surprendre leurs proies :

MANTOPTÈRES

Avec son corps plat, la **mante feuille** se dissimule parmi les grandes feuilles des forêts tropicales d'Amérique du Sud. Si une proie s'aventure à proximité, d'un coup de patte avant elle l'attrape et s'en régale… tellement vite qu'il est impossible de voir l'action à l'œil nu !

HÉMIPTÈRES

Certains font preuve de créativité, comme le **réduve masqué**, une espèce de **punaise assassine**. Avec son corps noir, ce chasseur d'araignées et de mouches pourrait manquer de discrétion. Mais les larves de cette espèce ont trouvé une astuce : elles sécrètent une substance collante, puis se roulent dans la poussière ! Recouvertes de saletés, elles sont beaucoup plus difficiles à détecter, au grand malheur de leurs proies…

Des maîtres de l'illusion

Au lieu de se camoufler, certaines bestioles préfèrent imiter l'apparence d'autres espèces. C'est ce qu'on appelle le mimétisme.

☑ Insectes

Les **ocelles** de certains papillons et d'autres insectes ailés sont probablement l'exemple le plus connu : ces taches ont souvent la forme d'yeux d'oiseaux, pour effrayer les prédateurs potentiels. Et comme ces « yeux » se trouvent généralement sur leurs ailes, à l'instant où ils les déploient ils ajoutent un effet de surprise !

☑ Hémiptères

Dans la forêt amazonienne, le **fulgore porte-lanterne** porte non seulement des ocelles jaune et noir sur les ailes, mais aussi 2 autres de chaque côté de sa tête en forme de cacahuète ! Vu sous cet angle, il a donc l'apparence d'un petit lézard...

☑ Lépidoptères

La **chenille du papillon *Papilio troilus***, en Amérique du Nord, a aussi 2 ocelles jaune et noir de part et d'autre de sa large tête. Elles lui donnent l'air d'un serpent... suffisamment du moins pour que les oiseaux se cherchent un autre repas.

La **sésie apiforme** est un **papillon de nuit** européen qui ressemble à s'y méprendre à un frelon : ses ailes transparentes, son corps jaune orangé et sa tête noire en font un parfait sosie! Les prédateurs se méfient : ils la croient venimeuse...

☑ Diptères

Le **syrphe ceinturé** a la même stratégie que la sésie apiforme : cette petite mouche européenne arbore un abdomen jaune rayé de noir qui la fait ressembler à une guêpe.

☑ Arachnides

La **saltique fourmi** est... une petite **araignée**, qui utilise son apparence pour se joindre à des fourmis. Elle évite ainsi les prédateurs qui ne s'attaquent pas aux fourmilières! Mais elle doit ajouter une touche à son déguisement, puisqu'elle n'est pas un insecte : elle a 8 pattes et non 6. Aucun problème! Elle lève ses 2 pattes avant pour faire semblant d'avoir des antennes! Elle modifie même sa démarche en fonction de l'espèce de fourmi qu'elle veut imiter...

Sens dessus dessous

C'est grâce à nos 5 sens (la vue, l'ouïe, l'odorat, le toucher, le goût) que nous explorons le monde qui nous entoure. Il en va de même pour les insectes, mais leurs organes sensoriels sont un peu différents des nôtres.

Les yeux des insectes sont composés d'une multitude de petites cellules plates sensibles à la lumière. Certaines espèces en ont jusqu'à 30 000 par œil! Cela rend leur **vision** bien plus performante que la nôtre, même s'ils sont incapables de bouger leurs yeux comme nous le faisons.

☑ Odonates

Les **libellules**, comme l'**anax de juin** en Amérique du Nord, voient à la fois devant, sur les côtés, au-dessus et en arrière de leur tête! C'est grâce à cette vue d'ensemble qu'elles sont si habiles à naviguer dans leur environnement.

☑ HYMÉNOPTÈRES

Les **abeilles** distinguent les ultraviolets : des rayons de la lumière du soleil invisibles à l'œil humain. Comme ces rayons sont réfléchis par les pétales des fleurs, cela leur permet de reconnaître et différencier celles-ci très rapidement.

Les hyménoptères ont aussi un bon **odorat**. Cependant, ils ne sentent pas grâce à leur nez, mais avec... une paire d'antennes! Celles-ci possèdent de nombreux récepteurs d'odeurs, bien plus que notre nez d'humain.

Chez certaines espèces, comme la **fourmi charpentière de Floride**, les odeurs permettent de communiquer entre semblables : elles libèrent des substances chimiques, qu'on nomme **phéromones**, pour faire passer des messages. Une attaque de prédateur? Une nouvelle source de nourriture? Un bon endroit pour construire un nid? Quelle que soit la nouvelle, il existe une odeur pour l'annoncer!

☑ LÉPIDOPTÈRES

Même l'organe du **goût** est différent, chez les insectes. Beaucoup de **papillons**, comme la **fausse arpenteuse du chou**, goûtent les surfaces sur lesquelles ils se trouvent non pas avec leur langue... mais avec leurs pieds! Ils y ont plus de récepteurs de goûts que dans leur bouche, ce qui réduit le risque d'avaler quelque chose de toxique par accident... Pas bête, comme système!

Des musiciens

As-tu déjà entendu le chant des cigales ou des grillons, l'été ? En réalité, il ne s'agit pas vraiment d'un *chant* comme celui des oiseaux : faute d'avoir une voix, certains insectes utilisent leur corps à la manière d'un instrument de musique.

Orthoptères

Les **grillons** frottent leurs ailes l'une contre l'autre pour produire un son. Celles-ci sont en effet couvertes de petites dents, elles constituent des sortes de peignes. Selon la forme de leurs ailes et la vitesse à laquelle ils les frottent, un son différent est émis. Chaque espèce de grillon a donc un « chant » qui lui est propre !

Hémiptères

Chez les **cigales**, le son est produit par des membranes de leur abdomen qu'on appelle des **cymbales.** En les faisant vibrer, elles peuvent monter le volume jusqu'à plus de 100 décibels et rivaliser avec un marteau piqueur ! Elles peuvent aussi ajuster leur mélodie, en contrôlant la vitesse de vibration de leurs cymbales et la position de leur abdomen par rapport au sol.

Les cigales et les grillons utilisent ces sons pour communiquer avec leurs semblables. Lors de la période de reproduction, ils s'en servent notamment pour trouver un(e) partenaire.

☑ Coléoptères

Les coléoptères du genre ***Saperda***, eux, produisent des sons en bougeant leur tête d'avant en arrière de manière répétitive, pour la frotter sous la carapace de leur thorax. Dans ce cas, il n'en ressort rien de plus harmonieux… qu'un bruit de polystyrène qu'on racle. Ce son sert vraisemblablement d'avertissement et de menace à l'attention des prédateurs.

D'autres insectes utilisent leur corps plutôt comme un instrument à vent. Ainsi, les **blattes** du genre ***Gromphadorhina*** émettent des sifflements en laissant passer de l'air à travers de petits trous de leur abdomen. Ces sons visent, là encore, à effrayer leurs prédateurs ou à interagir avec leurs semblables. Cela signifie qu'elles ont probablement un langage social assez complexe.

Des danseurs

Si certaines bestioles sont d'excellentes musiciennes, d'autres utilisent la danse comme outil de communication.

☑ Arachnides

Chez l'**araignée paon**, en Australie, le mâle, quand il veut impressionner une femelle, montre son abdomen couvert de poils colorés en se livrant à une chorégraphie complexe. Pour se faire remarquer, il fait d'abord osciller en rythme une paire de pattes au-dessus de sa tête. Si ce n'est pas suffisant, il lève son abdomen et le fait vibrer de gauche à droite. Avec un peu de chance, la femelle le choisira pour se reproduire… et non pour le manger.

Chez les **scorpions**, comme ***Centruroides sculpturatus***, en Amérique du Nord, mâles et femelles participent à la danse de reproduction. Cette chorégraphie, appelée « promenade à deux », ressemble un peu à une valse. Avec ses pinces, le mâle attrape celles de la femelle et l'emmène sur un terrain plat et dégagé. Ils se mettent alors à décrire des cercles et peuvent ainsi « valser » pendant un quart d'heure !

Insectes

Les **éphémères**, dont la vie adulte ne dure qu'une journée ou deux, se livrent à une danse nuptiale collective. Au-dessus d'étangs et de petits lacs, ils tournoient dans les airs par centaines, en quête d'un(e) partenaire de reproduction. Après l'accouplement, les femelles se posent à la surface de l'eau et y pondent leurs œufs, concluant ainsi leur courte existence.

Mais la danse n'est pas seulement une affaire de reproduction. Chez l'**abeille à miel**, elle sert à indiquer aux jeunes butineuses où trouver certaines fleurs. Si ces fleurs sont proches, les danseuses volent en rond. Si elles sont éloignées, les danseuses décrivent des 8. Elles indiquent ainsi la direction à prendre.

Et la vitesse à laquelle elles dansent précise quelle distance est à parcourir ! Simultanément, en secouant leurs ailes, elles répandent l'odeur des fleurs qu'elles ont repérées, pour que les butineuses les identifient à coup sûr...

Des gros dormeurs

Lors d'une saison sèche ou pour survivre au froid, certains animaux entrent en dormance. Chez les insectes, ce phénomène s'appelle la diapause. Pendant cette période, ils cessent toute activité et ralentissent leur développement.

☑ Coléoptères

Le **doryphore**, petit coléoptère bien connu des agriculteurs comme ravageur des champs de pommes de terre, pratique la **diapause** seulement de l'automne au printemps. Pendant l'été, la femelle pond une quantité impressionnante d'œufs, dont il sort des larves très voraces. Après avoir dévoré les feuilles des plants, elles s'enfouissent pour tout l'hiver dans la terre. Quand le soleil printanier la réchauffe, ce sont des adultes qui émergent... et s'accouplent pour que le cycle recommence !

Les insectes se distinguent d'autres animaux qui hibernent par la capacité qu'ont les larves de certains d'entre eux à rester en diapause pendant très longtemps.

☑ Hémiptères

Les **cigales périodiques** se reproduisent en masse, et leurs larves s'enfouissent dans la terre pendant une période variable selon les espèces. Parmi elles, la larve de la **cigale dix-sept ans** reste en dormance pendant... oui, 17 ans ! Chaque **émergence** est un évènement, dans l'est de l'Amérique du Nord : ce sont alors de véritables nuages de cigales qui s'élèvent !

LÉPIDOPTÈRES

La **teigne du yucca** appartient à une famille de **papillons** qui se nourrissent des feuilles de cette plante des régions chaudes et sèches. Si la plupart de leurs larves ont une diapause qui dure entre 1 et 4 ans, certaines sous-espèces peuvent rester en dormance pendant 30 ans ! Et ce n'est même pas un record…

Le savais-tu ?

Le record que l'on a pu observer est détenu par le coléoptère nord-américain ***Eburia quadrigeminata***, dont les larves peuvent rester en diapause jusqu'à 40 ans ! Son secret ? Il creuse des galeries dans des arbres au bois très dur ; les œufs pondus sont donc bien à l'abri.

Des grands voyageurs

Comme beaucoup d'autres animaux, les petites bêtes font parfois de grandes migrations.

☑ Lépidoptères

Le **monarque** vit dans l'est du Canada durant l'été, mais migre jusqu'au Mexique pour y passer l'hiver. Ce périple de près de 5 000 km est si long que les **papillons** qui partent du Mexique pour revenir au Canada le font en 4 générations : ce sont les arrière-petits-enfants qui se posent à l'arrivée !

Le **gamma** est un **papillon de nuit** doté de capacités migratoires particulières. Comme avec une boussole interne, il utilise la lune comme point de repère pour échapper aux températures hivernales des régions les plus au nord. Et il vole très haut dans le ciel, parfois jusqu'à 1 000 m d'altitude, en profitant des courants d'air pour atteindre une vitesse de 100 km/h !

☑ Orthoptères

Les **criquets migrateurs** sont tout à fait inoffensifs… en petit comité. Car lorsque les conditions sont favorables à leur départ, c'est un groupe pouvant compter 80 millions de ces voyageurs qui se forme ! Ce redoutable nuage peut alors parcourir plus de 100 km par jour en dévorant toutes les plantations sur son passage ! Le cauchemar des agriculteurs…

☑ ARACHNIDES

Originaire d'Asie, l'**araignée Jorō** a récemment fait son apparition en Amérique du Nord. Elle n'a pourtant pas traversé l'océan Pacifique à la nage ! Non, non ; elle « vole »… Sans ailes ! Elle projette un fil de soie qui se prend dans des courants électriques dans le ciel et des vents, puis elle se laisse porter sur des milliers de kilomètres… On appelle ce phénomène le ***ballooning***, en référence aux ballons dirigeables.

☑ GASTÉROPODES

Malgré leur lenteur légendaire, certaines **limaces** sont de grandes voyageuses. Ainsi, la **loche rousse sombre**, d'origine européenne, a été repérée en Amérique du Nord dans les années 1960. Depuis, elle s'est aussi grandement répandue à travers ce continent. On pense qu'elle se déplace principalement de manière passive : en restant collée à des véhicules, à du matériel transporté sur des camions ou même le long des rivières.

DES POLLINISATEURS

Tu as probablement déjà entendu dire que les abeilles sont des insectes pollinisateurs. Mais qu'est-ce que ça signifie, exactement?

La **pollinisation**, c'est le transport du **pollen** d'une fleur à une autre, qui permet aux plantes de se reproduire et de donner des **fruits**, contenant des **graines**. C'est un phénomène essentiel pour la vie sur la Terre!

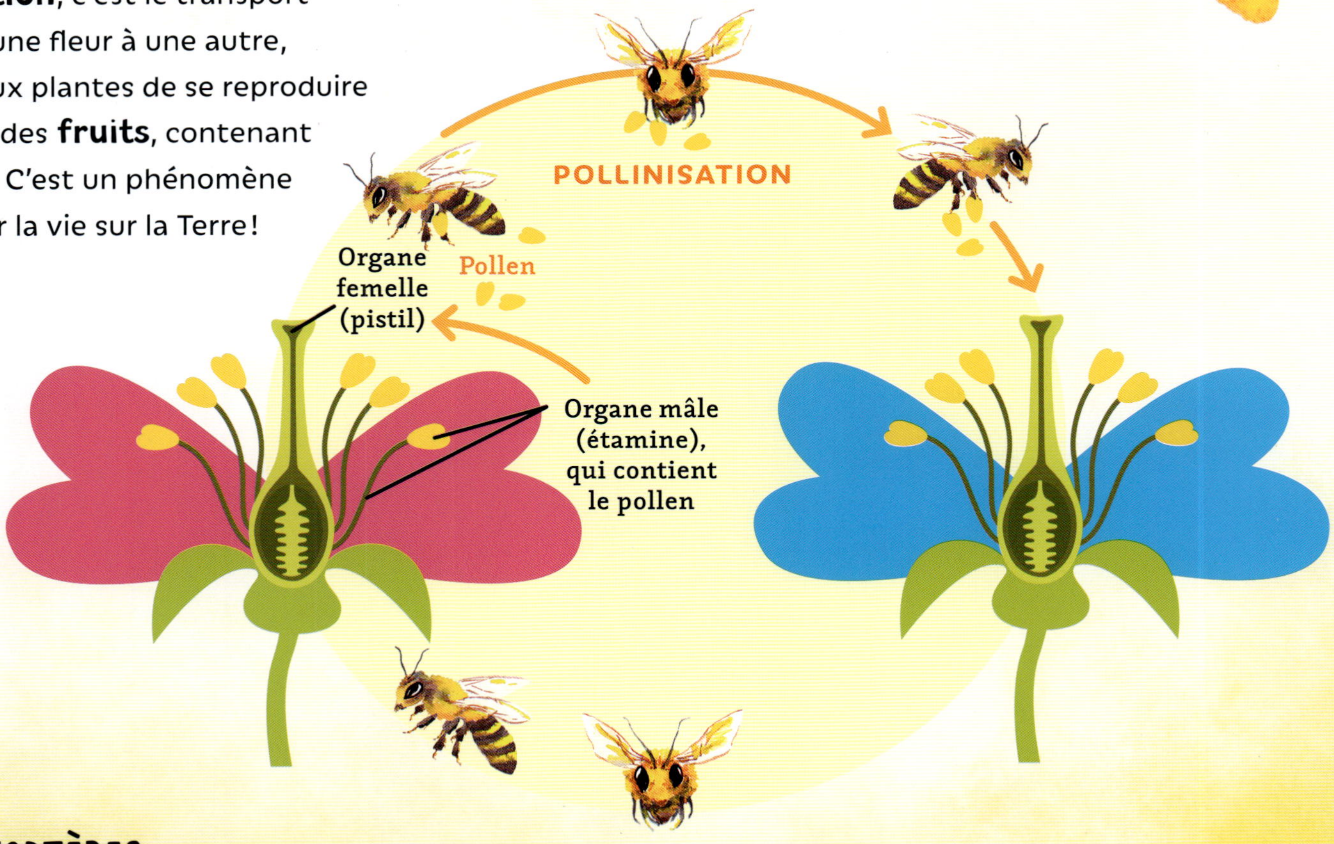

HYMÉNOPTÈRES

Les **abeilles** sont loin d'être les seuls insectes pollinisateurs. Rien que chez les hyménoptères, on en trouve un large éventail.

Avec leur corps velu et leur coloration jaune et noir, les **bourdons** ressemblent aux abeilles, mais en bien plus gros. Tout comme elles, ils se promènent de fleur en fleur pour se nourrir de **nectar**. Lorsqu'ils se posent sur une fleur, leurs poils se recouvrent de pollen et ils le dispersent en allant en butiner une autre.

Moins connu, l'**halicte vert**, en Amérique du Nord, est aussi un grand pollinisateur. Contrairement aux bourdons et aux abeilles à miel, il est solitaire : il ne vit pas dans une grande ruche. Il creuse des galeries dans le sol pour y fabriquer des cellules où déposer ses œufs.

Diptères

De nombreux diptères sont aussi des pollinisateurs. Avec sa longue trompe qui lui permet de butiner aisément les fleurs, le **grand bombyle** ressemble un peu à une abeille brune. Pourtant, il s'agit bel et bien d'une mouche!

Coléoptères

Les coléoptères constituent probablement le plus grand groupe de pollinisateurs sur la Terre! Ils ont même été les premiers à y apparaître. Ces insectes ne butinent pas les fleurs, mais les utilisent comme terrain de chasse.

Par exemple, le petit **trichode des ruches** européen se nourrit d'autres insectes. C'est lorsqu'il chasse ses proies que sa carapace se recouvre de pollen et qu'il participe à la reproduction des plantes à fleurs.

DES GRANDS ARCHITECTES

Bien des bestioles aménagent soigneusement leur habitat pour le rendre plus propice à leur survie. Certaines sont même expertes en grands chantiers!

☑ HYMÉNOPTÈRES

Les insectes architectes les plus connus sont probablement les **abeilles** et les **guêpes**, qui fabriquent des ruches de taille parfois impressionnante.

Les **guêpes à papier**, notamment, construisent leur nid à partir de matières végétales qu'elles mâchent puis recrachent pour former des **chambres hexagonales**. Elles les confectionnent littéralement avec du papier mâché!

Toutefois, les réalisations les plus prodigieuses, tant pour leur taille que pour leur complexité, sont celles des **fourmis** et **termites**, qui élaborent de véritables villes où plusieurs milliers d'individus peuvent vivre ensemble.

Les **fourmis coupe-feuilles** peuvent bâtir des fourmilières de plus de 10 m de largeur! À l'intérieur, elles fabriquent des chambres, où elles entreposent des feuilles. Ce ne sont pas des garde-manger, mais des **jardins souterrains** où elles cultivent des champignons.

Les **termites** ***Macrotermes michaelseni*** cultivent aussi des champignons, mais leurs termitières s'élèvent plus haut : elles dépassent parfois 4 m! Et ces structures sont équipées de **cheminées**, qui assurent la ventilation et la régulation de la température partout à l'intérieur...

☑ Coléoptères

Certains insectes construisent leur abri dans le bois, comme le **chalcographe**. Ce petit coléoptère s'installe sous l'écorce de jeunes arbres : il y creuse des **galeries** et des chambres. On peut en voir les traces, ressemblant à des gravures, lorsque l'écorce se détache du tronc.

☑ Arachnides

L'**épeire diadème**, petite **araignée** reconnaissable aux taches qui forment une croix sur son abdomen, est une experte du tissage : elle fabrique des **toiles en spirale** qui mesurent jusqu'à 40 cm de diamètre ! Ces toiles lui servent d'abri, mais aussi de piège pour capturer ses proies.

DES DÉCOMPOSEURS EXPERTS EN RECYCLAGE

Si tu soulèves un tas de feuilles mortes dans la forêt, tu vas immanquablement voir un ballet de petits insectes et autres bestioles. Ils ne font pas que se cacher, ils accomplissent la mission essentielle de décomposeurs.

Tout comme nous trions et recyclons nos ordures, dans la nature les décomposeurs nettoient les restes de matières végétales ou animales, puis les transforment pour les rendre utilisables par d'autres espèces. Sans leurs services, le sol des forêts serait jonché de détritus en tous genres, ce qui y rendrait la promenade beaucoup moins enchanteresse...

☑ COLÉOPTÈRES

Le **bousier** est un petit **scarabée spécialisé** dans le ramassage... de crottes. Oui, oui, il façonne de grosses boules d'**excréments**, qu'il fait rouler jusqu'à son terrier... pour s'en nourrir ! Cela peut nous paraître un peu dégoûtant, pourtant ce comportement est essentiel à l'environnement. En mangeant les crottes d'autres animaux, le bousier digère les nutriments qui s'y trouvent et les rend plus facilement utilisables par les plantes. En d'autres termes, il transforme le caca en engrais naturel !

Autre coléoptère décomposeur, le **dermeste du lard** se charge des **restes d'animaux morts**. Il est capable de nettoyer complètement une carcasse : il mange la peau, les poils, les muscles et le gras, ne laissant que les os ! Avant l'invention du réfrigérateur, il infestait la viande entreposée par les humains dans les maisons.

Le savais-tu ?
Le dermeste du lard fait un travail si efficace qu'on l'utilise depuis plus de 150 ans dans les musées pour nettoyer des squelettes fragiles avant de les exposer !

☑ Myriapodes, arachnides et gastéropodes

D'autres espèces chez les **mille-pattes**, les **acariens**, les **limaces** et les **escargots** jouent un rôle très similaire : elles décomposent la **litière du sol**. Ainsi, tous les nutriments pris dans cet ensemble de feuilles mortes et de débris végétaux nourrissent de nouvelles plantes et champignons.

Des lumineux

Certaines bestioles sont capables de transformer le ciel nocturne en un féerique spectacle scintillant ! Elles sont bioluminescentes, grâce à des organes qu'on appelle des photophores. Ces organes permettent une réaction chimique entre deux substances : la luciférine et la luciférase, qui produisent de la lumière en présence d'oxygène.

☑ Coléoptères

Chez beaucoup d'insectes, la **bioluminescence** sert à indiquer aux prédateurs qu'ils ne sont pas bons à manger. C'est la stratégie de l'**élatéridé luminescent**, par exemple : ce petit coléoptère a des **photophores** de part et d'autre du thorax, un à la base de la tête, et un autre au bout de l'abdomen, caché sous ses élytres.

Les **larves des coléoptères du genre *Phrixothrix*** sont appelées des **vers chemin de fer** : avec leurs 2 rangées de photophores symétriques, elles ressemblent un peu aux wagons d'un train de nuit... Contrairement à la plupart des insectes bioluminescents, elles émettent 2 couleurs différentes de lumière, grâce à 2 types distincts de **luciférine** : leur corps brille d'une couleur verte alors que leur tête diffuse une lumière rouge !

Pour d'autres, la bioluminescence est une affaire de séduction. Les **lucioles** sont capables de faire clignoter leur photophore pour émettre des signaux lumineux en plein vol. Et chaque espèce a son propre dialogue amoureux : mâles et femelles se répondent tour à tour. Lorsque des centaines de lucioles s'élèvent ainsi dans les airs, elles offrent un spectacle époustouflant !

☑ Annélides

On retrouve un spectacle similaire dans les océans chauds où vivent les **vers de feu**. Ces **annélides marins** s'enfouissent dans le sable et y passent la majorité de leur vie. Pourtant, lors des nuits d'été, ils sortent de leur cachette, montant à la surface pour se livrer à un jeu de séduction lumineux. Ce spectacle dure environ 30 minutes, à la suite de quoi tout le monde éteint la lumière et retourne se cacher sous le sable…

DES EXPERTS EN SURVIE

Certaines petites créatures sont des maîtres dans l'art de la survie : elles mettent en œuvre toute une panoplie d'adaptations et de stratégies pour s'épanouir dans des conditions extrêmes.

☑ INSECTES

Contrairement à la plupart des espèces de **blattoptères**, la **blatte japonaise** a une résistance au **froid** impressionnante : non seulement elle se déplace habilement sur la glace, mais elle est capable de survivre après avoir été gelée !

La **blatte américaine**, elle, peut survivre à 10 fois la dose de **radioactivité** fatale à un humain ! Elle peut aussi supporter jusqu'à 900 fois son **poids**, c'est-à-dire ne pas mourir si un bébé éléphant s'assoit sur elle...

Les **coléoptères** sont connus pour leurs ailes rigides, mais une espèce bat tous les records : le **scarabée cuirassé diabolique**. Considéré comme l'insecte le plus **robuste** de tous, il est impossible à écraser ! Il est même capable de résister à un passage sous les roues d'une voiture !

Les élytres du **scarabée du désert namibien** facilitent sa survie dans le milieu aride où il vit. En effet, comme ils sont recouverts de petites bosses et de sillons, le peu d'**humidité** présent dans l'air s'y condense. Pour se désaltérer, le scarabée n'a donc qu'à se pencher en avant : l'eau glisse jusqu'à sa bouche ! Des chercheurs essaient de concevoir, pour l'usage humain, des surfaces qui auraient les mêmes propriétés que ces élytres.

☑ ARACHNIDES

L'**argyronète** passe presque l'entièreté de sa vie sous l'eau. Pourtant, comme toutes les araignées, elle n'a pas de branchies… Sa solution pour respirer? Elle forme une **bulle d'air** dont elle s'enveloppe la tête, et la fixe à de petits poils sur ses pattes avant! Toujours sous l'eau, elle tisse aussi une toile en forme de cloche, où elle stocke de l'air.

Le savais-tu ?

Les **tardigrades**, surnommés oursons d'eau, sont capables de survivre même dans l'**espace** ! Des chercheurs y ont envoyé avec succès quelques-unes de ces créatures microscopiques, qui supportent des conditions fatales à beaucoup d'autres espèces. Reste à savoir si d'autres planètes abritent naturellement de tels animaux…

De véritables athlètes

Les pattes des arthropodes font de certains d'entre eux les sportifs de tous les exploits, à la course comme au saut en hauteur ou en longueur!

☑ Insectes

Le champion du monde de **vitesse** est un **coléoptère** australien : ***Rivacindela hudsoni***. Il peut atteindre presque 9 km/h. Pour un humain, ce n'est pas impressionnant, mais, pour cet insecte, cela signifie parcourir 120 fois la longueur de son corps à chaque seconde!

La **sauterelle** ne porte pas son nom par hasard : cet **orthoptère** est bel et bien un expert du **saut**. Son secret? Des pattes arrière particulièrement musclées. Quand la sauterelle se prépare à bondir, elle les replie complètement. Ses genoux agissent alors comme des élastiques, prêts à la propulser en avant. Le moment venu, elle pousse de toutes ses forces, et les « élastiques » se détendent, la projetant dans les airs.

Malgré sa très petite taille, la **puce du chien** n'a rien à envier aux prouesses de la sauterelle. Ses articulations agissent aussi comme des élastiques, mais inversés : elles emmagasinent de l'énergie lorsque la puce les empêche de se détendre.

Pour bondir, elle les détend d'un coup, et la force des « élastiques » la projette dans les airs. C'est si efficace qu'une puce peut sauter jusqu'à 100 fois la hauteur de son corps, soit presque 60 cm!

☑ MYRIAPODES

La **scutigère véloce** est un **myriapode** qui se nourrit principalement de fourmis. Elle doit courir, pour attraper ses proies et pouvoir leur infliger sa morsure venimeuse paralysante ! Elle est donc très **rapide**, mais surtout extrêmement **agile**, capable de sauter d'une surface à une autre et d'effectuer des virages à angle droit.

Comme des poissons dans l'eau

Ce n'est plus un secret pour toi, les insectes sont des arthropodes comme les crustacés. En eaux salées, ce sont les crustacés les rois, mais, dans les milieux d'eau douce, bien des insectes aquatiques les surpassent !

☑ Hémiptères

Sur les lacs et les étangs, il n'est pas rare de voir des **patineurs d'eau**. Les 2 premières pattes de ces petites **punaises** sont très courtes ; elles leur servent à attraper des proies. Mais leurs 4 autres pattes sont bien plus longues et leur permettent de « patiner » à la surface ! En réalité, leurs mouvements ressemblent plutôt à de petits sauts.

Le **batelier**, qui vit aussi dans les lacs et les étangs, est capable quant à lui d'aller *sous* l'eau ! Et les pattes arrière de ce petit hémiptère, longues et musclées, le rendent capable de nager rapidement ! Couvertes de poils, elles lui donnent aussi la possibilité de flotter à la surface...

☑ COLÉOPTÈRES

Autre prédateur aquatique, le **grand dytique** est non seulement un bon nageur, mais aussi un excellent plongeur! Ses pattes avant sont très différentes de celles de la plupart des autres coléoptères : elles ressemblent à des palmes, ou à de petites pagaies. Cela lui permet de plonger profondément et se déplacer dans l'eau avec une agilité qui rivalise avec celle de bien des poissons...

En ce qui le concerne, le **notonecte maculé** préfère nager... sur le dos! Chacun son style, après tout. En fait, cet hémiptère est si puissant et habile dans l'eau qu'il est capable de chasser et de se nourrir de têtards et de petits poissons!

D'ÉTRANGES MACHINES VOLANTES

Les insectes sont les premiers animaux à avoir acquis la capacité de voler, bien avant les oiseaux. Pour ce faire, ils ont généralement 2 paires d'ailes, mais celles-ci peuvent prendre toutes sortes de formes.

☑ DIPTÈRES

Les **mouches** et les **moustiques** sont les insectes volants qu'on croise le plus fréquemment (à notre plus grand agacement). Eh bien, s'ils maintiennent leur équilibre en vol, c'est qu'au lieu d'avoir une deuxième paire d'ailes comme d'autres insectes, ils ont 2 petits membres en forme de maracas qui contrebalancent le mouvement des ailes.

Voler est très énergivore pour les diptères, car ils battent des ailes en moyenne 200 fois par seconde ! Ce battement est si rapide qu'il émet un petit son aigu. C'est celui que tu entends lorsque ces insectes te tournent autour…

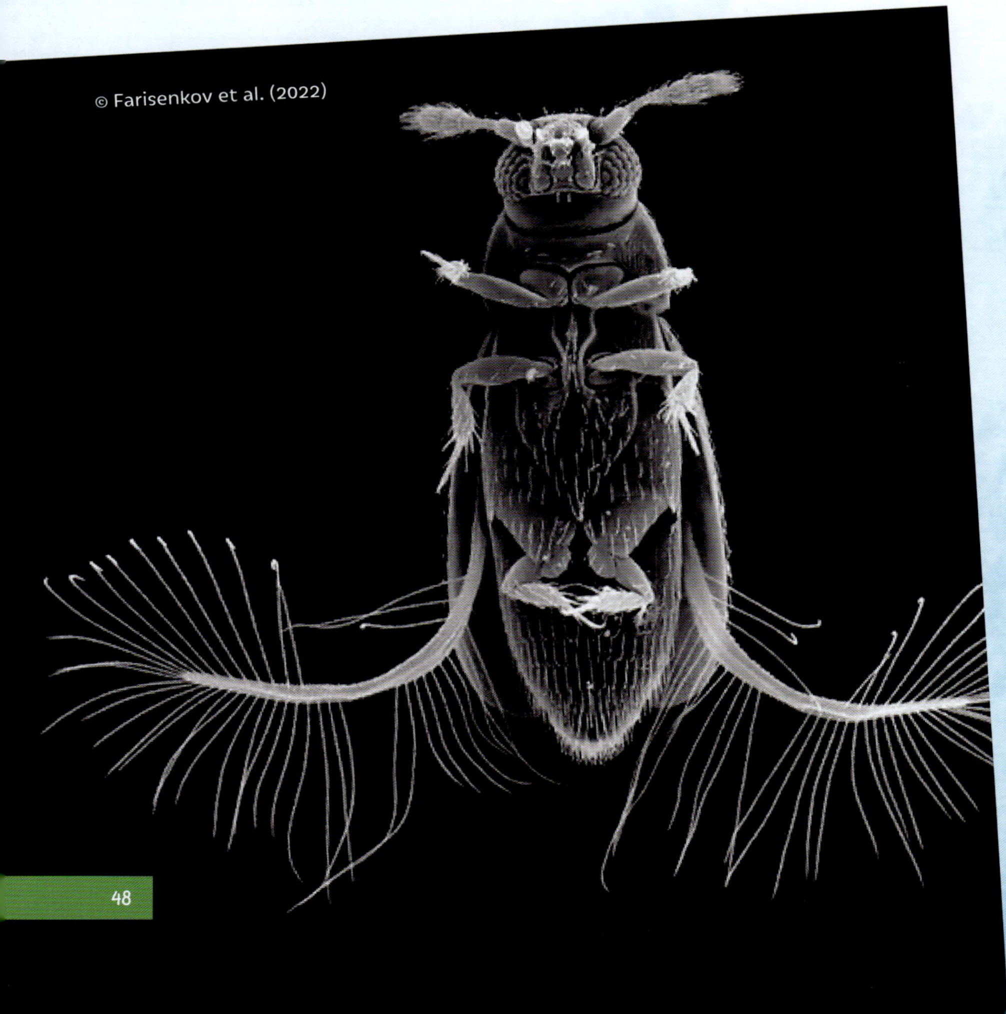

© Farisenkov et al. (2022)

☑ COLÉOPTÈRES

Les élytres des coléoptères servent de couverture protectrice à leur seconde paire d'ailes, qui est plus standard… sauf chez ***Paratuposa placentis***. Moins épais qu'une mine de crayon, il est si minuscule que l'air est trop dense pour lui permettre de voler avec des ailes normales. À la place, sa seconde paire d'ailes ressemble à de mini-plumeaux qu'il fait tournoyer !

☑ Odonates

Les **libellules**, comme l'**aeschne du Canada**, et les **demoiselles**, comme le **caloptéryx éclatant** et l'**agrion élégant**, peuvent voler dans toutes les directions : de gauche à droite et même à reculons! Aucun autre animal volant ne peut le faire. Les odonates sont considérés comme les plus performants dans les airs.

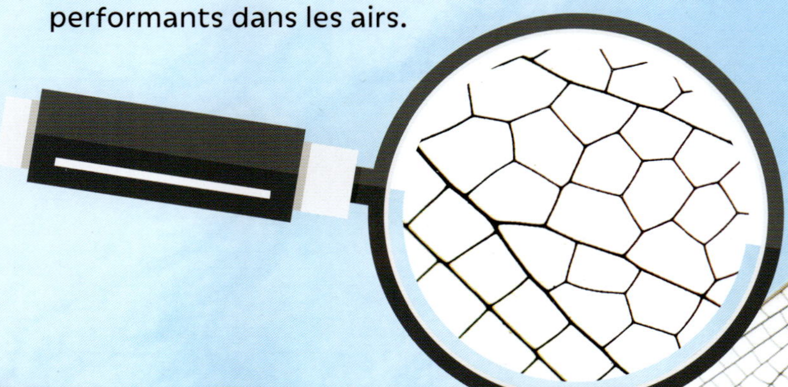

æschne du Canada

agrion élégant

Leur secret? Leurs 4 ailes fonctionnent de manière indépendante, ce qui leur permet de contrôler très précisément vitesse et direction. Cette capacité leur vaut d'être une source d'inspiration constante pour la fabrication humaine de nouvelles machines volantes, comme les drones.

caloptéryx éclatant

Le savais-tu ?

La plus grosse espèce d'insecte volant à avoir existé, à la Préhistoire, est la libellule ***Meganeura monyi*** : elle avait jusqu'à 75 cm d'envergure! C'est à peu près celle d'un pigeon...

Piqûres, morsures et venin

Personne n'aime se faire piquer ou mordre par un insecte, et pour cause : c'est douloureux! Mais si ces mini-blessures sont désagréables, elles sont en général sans gravité pour les humains.

☑ Diptères

Les **moustiques** n'ont pas de venin. Si leurs piqûres nous occasionnent des démangeaisons, c'est à cause de leur **salive**. En effet, celle-ci est pleine d'anticoagulants, des substances qui leur permettent de boire notre sang facilement. Elles provoquent chez nous une petite réaction allergique, qui peut persister plusieurs jours après la piqûre...

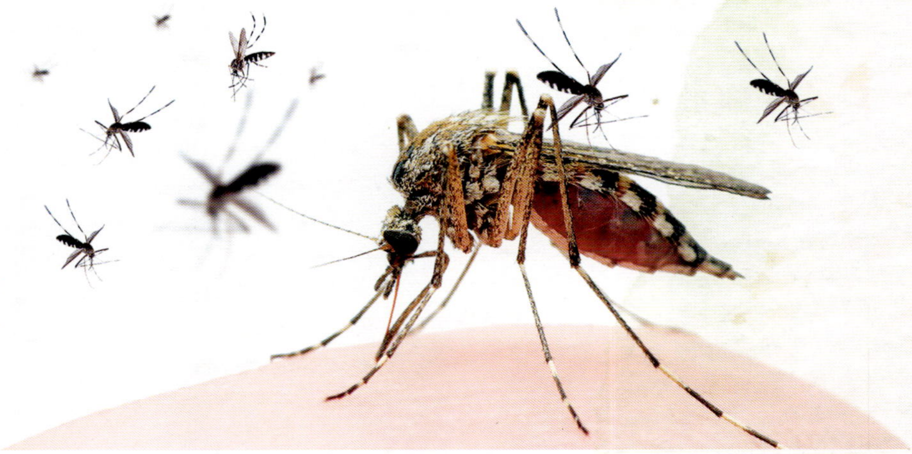

☑ Hyménoptères

Les **guêpes**, par contre, sont bel et bien venimeuses! Elles piquent grâce à un **dard**, une sorte d'aiguille creuse située au bout de leur abdomen. À la base de ce dard se trouve une **glande à venin**. Celui-ci leur sert à se défendre contre leurs prédateurs.

Un dard perce facilement la peau, mais aussi les carapaces : quelques espèces s'en servent pour la chasse. Comme le **frelon géant** en Asie, qui utilise son venin pour paralyser ses proies. Il peut même tuer de petits mammifères comme des souris!

D'autres insectes ne piquent pas... mais mordent! C'est le cas des fourmis : elles injectent leur venin avec leurs **mandibules**. Ainsi, en Amérique du Sud, les **fourmis balle de fusil** portent ce nom du fait de la douleur fulgurante et intense que leur morsure inflige à l'humain. Elle est considérée comme la pire morsure d'insecte! Mais leur venin n'est généralement pas dangereux pour nous.

☑ Arachnides

Le venin de la **recluse** est extrêmement toxique pour nos cellules. La morsure de cette **araignée** nord-américaine de pas plus de 1 cm peut causer des infections graves si on ne la soigne pas rapidement ! Heureusement que la bestiole est timide et qu'on ne la croise que très rarement…

☑ Gastéropodes

La petite bête la plus toxique au monde n'est ni un insecte ni un arachnide : c'est un gastéropode ! Le **cône géographe** est un **escargot prédateur marin** des océans Indiens et Pacifique qui chasse ses proies à l'aide d'une sorte de dent en forme de harpon, qu'il projette devant lui. Ce harpon injecte un cocktail de **toxines** extrêmement efficace à des mollusques, des vers et même des poissons. Elles peuvent être mortelles aussi pour l'humain qui le touche par accident…

PARASITES ET VAMPIRES

As-tu déjà entendu parler de la pédiculose du cuir chevelu ? Voilà la façon scientifique de dire qu'on a des poux ! Le pou de tête (humaine) est un petit insecte parasitaire qui s'installe entre les cheveux et se nourrit du sang de son hôte.

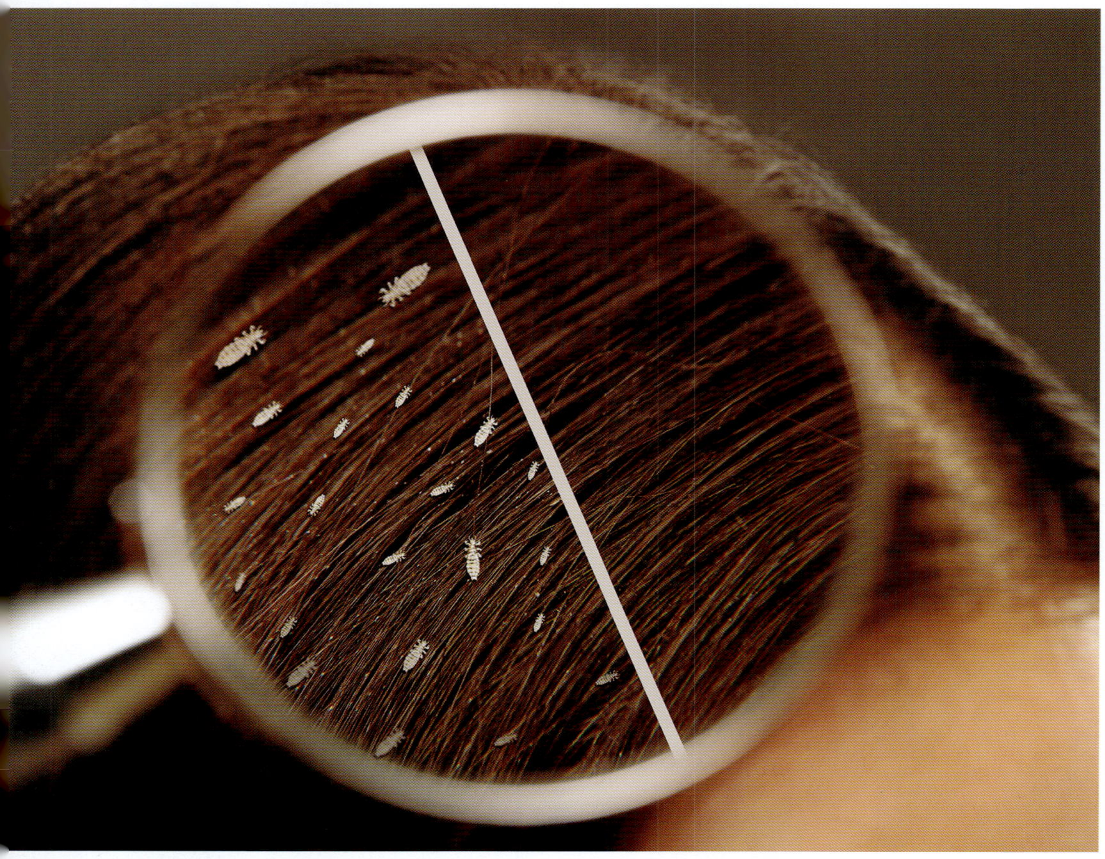

☑ DIPTÈRES

Mais qu'est-ce qui fait du **pou** un parasite et du **moustique** un prédateur, alors qu'ils se nourrissent tous deux de sang ? La différence est que le pou est incapable de vivre sans rester sur un hôte, tandis que le moustique se déplace et se reproduit librement. C'est cette association obligatoire avec un hôte qui définit un mode de vie parasitaire.

Difficile de croire que les **mouches à chauves-souris** sont réellement des mouches. Leur apparence est atypique : elles sont dépourvues d'ailes, ont des pattes épaisses et des yeux de petite taille, voire aucun. Leur meilleur atout est leur odorat, très développé, qui leur permet de trouver leur hôte : une chauve-souris. Comme tout parasite, elles se nourrissent de sang, et peuvent devenir si grandes qu'elles deviennent gênantes pour l'animal. Au bout de leurs pattes, des griffes leur permettent de s'ancrer solidement dans son pelage ; la chauve-souris est alors incapable de les déloger.

☑ Crustacés

Le **pou mange-langue** n'est pas un insecte, mais un **crustacé**. Il s'agit d'un parasite d'environ 4 cm qui s'établit… dans la bouche d'un poisson ! Malgré ce que suggère son nom, le pou ne mange pas vraiment la langue de son hôte. En fait, il se nourrit du sang de la langue, laquelle, progressivement, se vide, puis tombe. À ce moment, le parasite s'installe et la remplace : le poisson peut alors l'utiliser comme une langue normale ! Le pou, quant à lui, en profite pour se nourrir du mucus produit par le poisson. Il s'agit d'un cas de parasitisme unique !

DES MODÈLES POUR INVENTEURS

Les insectes et autres bestioles, avec leurs adaptations surprenantes et leurs structures biologiques ingénieuses, inspirent continuellement les scientifiques et ingénieurs. Leurs caractéristiques uniques servent de modèles pour des innovations technologiques et des avancées dans divers domaines, de l'aérospatiale à la médecine.

☑ INSECTES

Le **perce-oreille** doit son nom à une étrange croyance selon laquelle il aimerait se glisser dans nos oreilles pour y manger nos tympans... Ne t'inquiète pas, ce n'est pas vrai! Cet insecte est parfaitement inoffensif, malgré sa mauvaise réputation et un abdomen muni de pinces menaçantes. Et il a inspiré de nouvelles technologies pour explorer l'espace! En effet, des ingénieurs ont étudié ses **ailes** afin de créer des « voiles » solaires, destinées à être déployées sur des satellites pour capter l'énergie du soleil.

Les ailes de la **cigale *Neotibicen dorsatus*** ont des propriétés particulières qui les rendent **auto-nettoyantes**! Ce n'est pas grâce à un liquide qu'elles sécrètent, mais à de minuscules structures en forme de cônes, où se collent les bactéries. Lorsque la cigale déploie ses ailes, ces cônes éliminent les bactéries! Les scientifiques essaient de répliquer ce mécanisme pour créer des surfaces antibiotiques, qui seraient utiles notamment en médecine.

☑ Arachnides

On estime que, à taille égale, un fil de **soie** d'araignée est aussi résistant qu'un fil d'acier. La soie de l'**araignée d'écorce de Darwin**, à Madagascar, est même considérée comme la matière biologique la plus résistante connue à ce jour! Et elle peut conduire des courants électriques! Étudier ses propriétés est un long travail, mais des scientifiques espèrent pouvoir l'utiliser un jour dans des matériaux de construction, pour remplacer des fils électriques, ou encore pour des applications médicales.

☑ Annélides

La **sangsue médicinale européenne** a longtemps été utilisée en médecine, aux époques où l'on pratiquait la **saignée** : on prélevait du sang aux malades, car on croyait qu'en excès il était la cause de certaines maladies. La sangsue était tout indiquée pour cette mission! Non seulement elle permettait d'extraire le sang, mais les substances anticoagulantes qu'elle produit empêchait celui-ci de figer.

UN MONDE VULNÉRABLE À PROTÉGER

Les insectes et autres petites bêtes sont souvent considérés comme nuisibles. Pourtant, ils sont indispensables à la vie sur la Terre. Pas seulement par leurs rôles de pollinisateurs et de décomposeurs, mais aussi dans la chaîne alimentaire.

En effet, ces créatures servent de nourriture à de nombreux autres animaux, comme les oiseaux, les grenouilles et de petits mammifères. Sans elles, beaucoup ne pourraient pas survivre. Et puisque l'alimentation humaine dépend aussi des animaux, cela signifie que les insectes sont également essentiels pour nous.

Ils maintiennent l'équilibre de la nature!

Même si les insectes constituent le groupe animal qui compte le plus grand nombre d'espèces, on estime que **près d'un tiers d'entre eux sont en danger d'extinction**! C'est pourquoi il est important de s'éduquer et d'informer les autres quant à leur place essentielle sur notre planète.

Voici quelques gestes que tu peux faire pour les aider :

- Parle à tes amis et à ta famille des insectes et des autres petites bestioles qui enrichissent notre monde.
- Traite les petites bestioles que tu rencontres avec respect.
- Si tu le peux, plante une grande variété de fleurs pour attirer les papillons et les insectes pollinisateurs.
- Plante des espèces indigènes, c'est-à-dire des plantes sauvages. Ce sont les meilleures pour augmenter la biodiversité dans ton jardin ou même sur ton balcon !
- Fabrique un hôtel à insectes, avec des matériaux récupérés. Les hôtels à insectes servent de lieu d'hivernation pour plusieurs espèces d'abeilles solitaires.
- Au jardin ou sur ton balcon, utilise des produits naturels, sans pesticides ni engrais de synthèse. Et encourage tes proches à faire de même !

Ce livre ne décrit qu'une infime partie de la diversité et de l'importance de ces créatures. Continue de lire et d'apprendre au sujet des insectes et des autres petites bestioles !

Qui suis-je ?

1. Je suis un groupe d'insectes équipés de petits membres en forme de maracas pour voler.
a) Les diptères
b) Les odonates
c) Les lépidoptères

2. Nous construisons des structures munies de cheminées pouvant dépasser 4 m de hauteur.
a) Les bousiers
b Les termites
c) Les guêpes à papier

3. Notre rôle dans la nature est de nettoyer et recycler les détritus pour mettre leurs nutriments à disposition d'autres organismes.
a) Les pollinisateurs
b) Les parasites
c) Les décomposeurs

4. Je suis le premier groupe de pollinisateurs à être apparu sur la Terre.
a) Les hyménoptères
b) Les diptères
c) Les coléoptères

5. Pour émettre des sons, je frotte mes deux ailes l'une contre l'autre.
a) Le grillon
b) Le morpho bleu
c) Le phasme bâton

6. Je ressemble à une abeille, mais je suis en réalité une mouche.
a) Le grand bombyle
b) Le trichode des ruches
c) La sésie apiforme

7. J'ai un corps allongé, sans pattes, et je me déplace dans la terre.
a) La scutigère véloce
b) La patte étendue
c) Le lombric

8. Pour se camoufler, ma larve sécrète une substance collante et se roule dans la poussière.
a) Le réduve masqué
b) L'anisote de l'érable
c) La fourmi charpentière de Floride

9. Pour goûter mes aliments, je n'ai qu'à les toucher avec mes pieds.
a) Le fulgore porte-lanterne
b) La fausse arpenteuse du chou
c) L'épeire diadème

10. Champion des conditions extrêmes, je peux même survivre dans l'espace.
a) Le scarabée cuirassé diabolique
b) La cigale dix-sept ans
c) Le tardigrade

11. Je permets aux bestioles de se protéger des éléments et même de coller aux murs et aux plafonds.
a) Le venin
b) Le mucus
c) La luciférase

12. Je suis un coléoptère de toute petite taille et mes ailes ressemblent à de mini-plumeaux.
a) *Paratuposa placentis*
b) *Acraga coa*
c) Le caloptéryx éclatant

13. Je nage sur le dos et je me nourris de têtards et de petits poissons.
a) La sangsue médicinale européenne
b) Le notonecte maculé
c) Le ver de feu

14. Mon venin est le plus toxique au monde.
a) La grande loche
b) La fourmi balle de fusil
c) Le cône géographe

15. Je suis un petit parasite qui se cache dans les cheveux des humains.
a) Le pou de tête
b) Le moustique
c) Le perce-oreille

16. Je suis un arthropode, mais pas un insecte. Le pou mange-langue en est un.
a) Un crustacé
b Un myriapode
c) Un gastéropode

17. J'aime danser et faire vibrer mon abdomen coloré pour impressionner les femelles.
a) L'anax de juin
b) La saltique fourmi
c) L'araignée paon

18. Pour séduire un(e) partenaire, je m'envole et je fais clignoter mon photophore.
a) La luciole
b) Le fulgore porte-lanterne
c) Le ver chemin de fer

19. Je suis une araignée qui passe presque l'entièreté de sa vie sous l'eau.
a) La recluse
b) La mygale Goliath
c) L'argyronète

20. J'ai un corps noir recouvert de petites écailles vertes.
a) Le charançon vert pâle
b) La mante feuille
c) La punaise Picasso

Réponses :

1. a) - 2. b) - 3. c) - 4. c) - 5. a) - 6. a) - 7. c) -
8. a) - 9. b) - 10. c) - 11. b) - 12. a) - 13. b) - 14. c) -
15. a) - 16. a) - 17. c) - 18. a) - 19. c) - 20.a)